Liebe Leserin, lieber Leser!

Hexen, Zauberer, Elfen und andere fantastische Figuren – wer erinnert sich nicht gerne an die Gestalten aus Märchen und Mythen? Dieses Buch möchte Sie dazu verführen, selbst eine kleine Fantasiewelt zu erschaffen! Die kleinen Schlenkerfiguren aus Modelliermasse, die mühelos zu formen ist und ganz einfach im Backofen gehärtet wird, lassen sich mit Hilfe der detaillierten Anleitungen kinderleicht herstellen. Legen Sie Ihrer Fantasie keine Zügel an, das Modellieren macht Spaß, und mit dem Ergebnis können Sie sich und anderen eine Freude bereiten!

Fangen Sie am besten gleich an,
ich helfe Ihnen dabei.

Ihre

Liesa Bastian

Inhaltsverzeichnis

Marabu
Bastelfarbe

Basteln mit Modelliermasse

Modelliermasse

Modelliermasse (z. B. Fimo) gibt es in zwei Qualitäten: Klassische Modelliermasse (z. B. Fimo-Klassik) knetet man vor Beginn des Modellierens in den Handflächen weich. Sie ist bereits im ungehärteten Zustand formstabil und für filigrane Arbeiten geeignet. Weiche Modelliermasse (z. B. Fimo-Soft) ist ideal für Kinderhände. Sie muss nicht vorgeknetet werden, sondern lässt sich sofort verarbeiten. Die Vielzahl der angebotenen Farbtöne bietet eine schier unendliche Palette. Angebrochene Modelliermasse-Packungen sind über Monate haltbar, wenn die Masse luftdicht verschlossen in Alufolie, Blechdosen oder Polyäthylenbeuteln aufbewahrt wird. Behältnisse aus PVC sind ungeeignet. Fimo enthält keine giftigen bzw. gesundheitsschädlichen Stoffe und entspricht der europäischen Norm zur Sicherheit von Spielzeug.

Tipp: *Die Modelliermasse einiger Hersteller ist zur besseren Portionierung in acht Rippen aufgeteilt. Arbeiten Sie mit Modelliermasse ohne Rippeneinteilung, unterteilen Sie die Blöcke mit einem Lineal.*

Arbeitsunterlage

Glasplatten, Metallplatten oder glatte Fliesen sind ideal, da man sie zusammen mit den Werkstücken in den Ofen geben kann.

Werkzeug

Zur Bearbeitung der Modelliermasse benötigen Sie einen Schaschlikspieß, um Löcher in Körper, Hände und Füße zu bohren, ein kleines, spitzes Messer, um die Modelliermasse zu teilen und z. B. Münder einzuritzen, und einen runden, glatten Bleistift, um mit diesem „Mini-Nudelholz" Übergänge zu glätten oder Teile auszuwellen.

Arme und Beine

Hierfür und für die Aufhängung eignen sich eine dünne Paketschnur oder dünne Lederbändchen. Mit dem Schaschlikspieß vor dem Härten 0,5 bis 1 cm tiefe Löcher in Körper, Hände, Füße und Hinterkopf bohren. Für die Arme den ganzen Körper in Brusthöhe durchstechen (Abb. 1). Nach dem Härten etwas Kleber (z. B. Sekundenkleber-Gel oder Zweikomponentenkleber) in das Loch einer Hand geben, die Schnur hineinstecken und den Klebstoff trocknen lassen. Die Armschnur durch den Körper ziehen, die Länge korrigieren und die zweite Hand festkleben. Die Beinschnüre erst ohne Kleber in den Körper stecken, um die Länge zu prüfen, dann festkleben.

Tipp: *Vergessene Löcher können nach dem Härten mit einem dünnen Bohrer von Hand eingedreht werden.*

Kopf modellieren

Mit sauberen Händen aus hautfarbener Modelliermasse eine Kugel als Kopf formen. Eine kleine Kugel (Ø ca. 5 mm) halbieren, die Hälften als Ohren am Kopf festdrücken. Die Nase entsteht ebenso aus einer Kugel, je nach Figur ist die Größe unterschiedlich (Abb. 2). Mit der Messerspitze den Mund einritzen. Um der Figur mehr Stabilität zu verleihen, einen Zahnstocher mittig auseinander brechen und eine Hälfte so in den Körper stecken, dass die Spitze des Zahnstochers herausragt (Abb. 3). Den Kopf aufspießen und festdrücken, sodass er gut auf dem Körper sitzt.

Haare

Gut geeignet sind Märchenwolle, Juteschnur oder Grasfaserbüschel. Dazu vor dem Härten mit dem stumpfen Ende des Schaschlikspießes ein 0,5 bis 1 cm tiefes Loch in die Mitte des Kopfes bohren und etwas weiten. Nach dem Härten Klebstoff in das Loch gegeben, die gewünschten Haare mit Hilfe des Schaschlikspießes in das Loch stopfen und festkleben. Bekommt eine Figur zusätzlich noch einen Hut, wird dieser auf der Unterseite dick mit Klebstoff bestrichen, richtig platziert und wenn der Kleber angetrocknet ist, festgedrückt.

1

Härten und Bemalen

Die Modelliermasse lässt sich im Backofen (keine Mikrowelle!) bei max. 130°C in 20 bis 30 Minuten auf der Arbeitsunterlage härten. Zur Kontrolle der Temperatur ist ein Ofenthermometer von Vorteil. Gehärtete Modelliermasse kann mit Farben auf Wasserbasis bemalt werden. Um den Farbauftrag zu schützen und die Farben brillanter wirken zu lassen, die Modelle mit Glanz- oder Mattlack versiegeln.

2

Tipp: *Nach dem Härten abgebrochene Teile lassen sich mit Zweikomponentenkleber wieder anbringen.*

Gesichter gestalten

Augen und Augenpartie werden mit einem sehr feinen Pinsel (Stärke 00) mit Acrylfarbe auf Wasserbasis (z. B. Marabu-Decormatt Acryl) aufgemalt. Für rote Pausbäckchen mit dem Pinsel ein Tüpfelchen Acrylfarbe auf das Gesicht aufgetragen. Die Farbe vorsichtig mit dem Finger verwischen. Wer will, kann anstelle von Acrylfarbe auch Lackstifte verwenden.

3

Fleißige Heinzelmännchen

1. Die Modelliermasse teilen, wie in der Übersicht gezeigt.

2. Für das Mäntelchen die hellgrüne Modelliermasse zu einer zungenförmigen Platte ausrollen. Diese um den vormodellierten Körper legen (siehe Übersicht) und den oben überstehenden Rand als Kragen umschlagen. Das Mäntelchen in Form drücken und als Schließe einen schwarzen Modelliermassepunkt darauf setzen. Für die Verbindung von Kopf und Körper einen halben Zahnstocher in den Körper stecken.

3. Nun den Kopf mit Ohren und Nase modellieren, wie im Grundkurs auf Seite 4 beschrieben. Den Mund mit dem Messer einritzen und den Kopf fest auf den Zahnstocher im Körper stecken.

4. Für Hände und Stiefelchen die Modelliermasse erst zu Kugeln rollen, dann gemäß Übersicht in die entsprechende Form bringen. Mit Hilfe des Schaschlikspießes die Löcher für Arme und Beine in den Körper, das Loch für die Haare in den Kopf bohren. Hände und Stiefelchen werden ebenfalls vorgebohrt. Soll die Figur aufgehängt werden, zusätzlich ein Loch in den Hinterkopf bohren.

5. Für die Mütze zuerst einen roten Kegel formen. Die Spitze des Kegels etwas in die Länge ziehen und den Rand zwischen zwei Fingern zu einer breiten Krempe quetschen. Ein dünner, schwarzer Modelliermassestreifen wird als Hutband auf der Mütze angebracht.

6. Alle Teile im Backofen härten. Anschließend auskühlen lassen.

7. Die Arm- und Beinschnüre passend zuschneiden und die Einzelteile verbinden. Dazu die Hinweise im Grundkurs auf Seite 4/5 beachten.

8. Die Augen gemäß Abbildung aufmalen. Auf Bäckchen und Nase mit dem Pinsel etwas rote Farbe auftupfen und vorsichtig mit dem Finger verreiben. Als Haare etwas Märchenwolle in das Loch im Kopf kleben, darüber die Mütze anbringen. Die Muster auf Jacke und Körper gemäß Abbildung oder nach Belieben gestalten.

Material

- *Modelliermasse in Hellgrün, Dunkelgrün, Hautfarbe, Schwarz, Rot, Orange, Pink, Lila, Weiß, Blau, Türkis*
- *Schnur oder Lederband*
- *Schaschlikspieß*
- *Marabu-Decormatt Acryl in Weiß, Schwarz, Kirschrot, Gelb*
- *Zahnstocher*
- *kleines, spitzes Messer*
- *dünner Pinsel (Stärke 00)*
- *Schere*
- *Klebstoff*
- *Märchenwolle in Rot, Weiß, Braun, Grau*

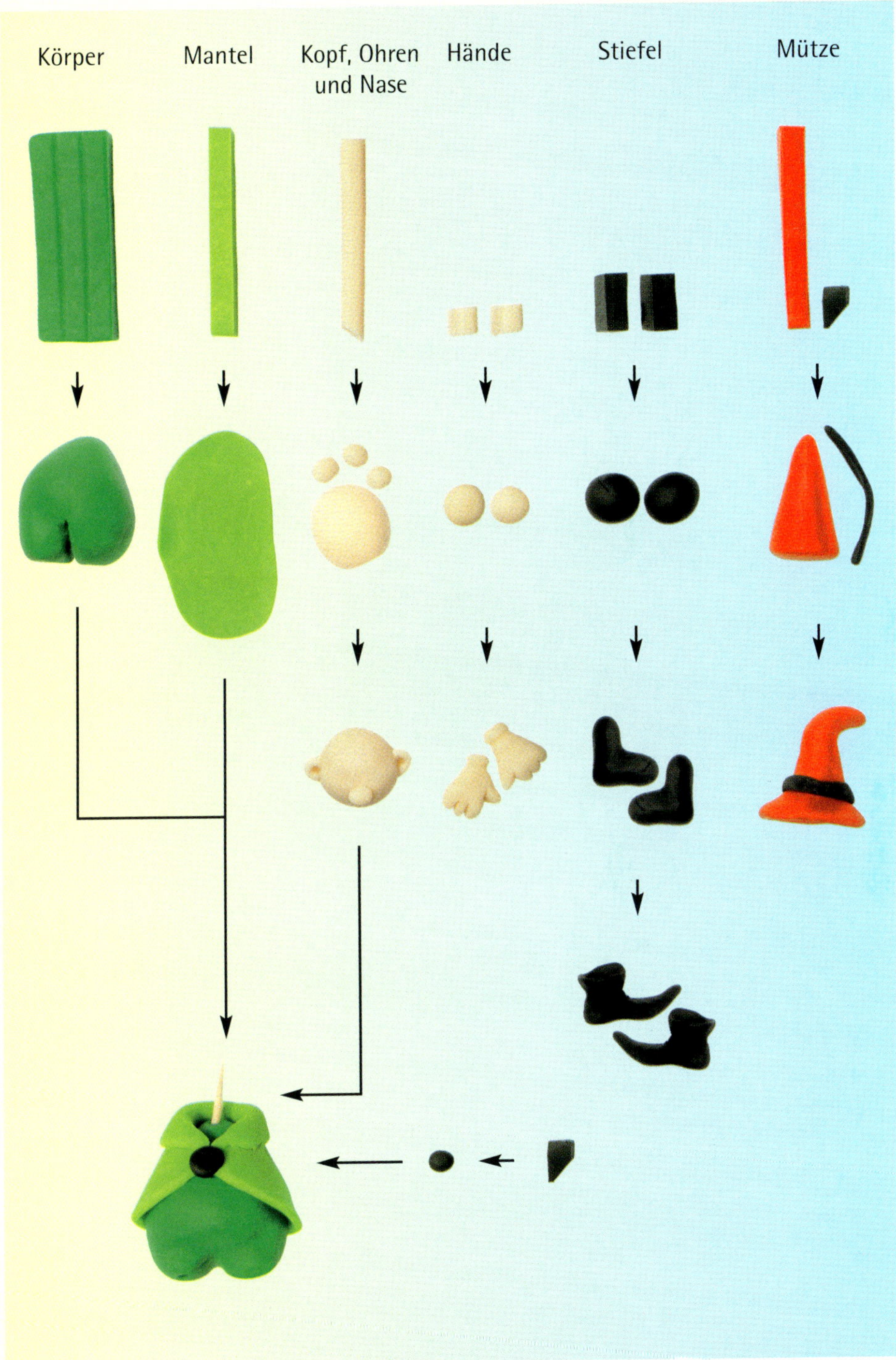
Körper
Mantel
Kopf, Ohren
und Nase
Hände
Stiefel
Mütze

Zauberer Abrakadabrados

1. Die Modelliermasse teilen, wie in der Übersicht gezeigt.

2. Zuerst den kegelförmigen Körper formen. Für den Umhang eine Kugel mit Hilfe des Bleistiftes zu einer Platte mit zwei Spitzen auswellen. Diese als Umhang auf den Körper drücken und die beiden spitzen Umhangenden etwas aufrollen.

3. Den Kopf gemäß Grundkurs auf der Seite 4/5 modellieren. Den Mund mit der Messerspitze einritzen. Den Kopf mit Hilfe eines halben Zahnstochers auf den Körper montieren. Dann Löcher für Haare, Arme und Beine bohren.

4. Für den Hut einen Kegel formen. Die Kegelspitze etwas in die Länge ziehen und den Hutrand zwischen zwei Fingern zu einer breiten Krempe quetschen.

5. Schuhe und Hände jeweils aus einer Halbkugel modellieren und Löcher bohren. In die Schuhspitzen noch jeweils eine kleine Glasperle drücken. Ganz nach Wunsch aus einem Stück Zahnstocher einen Zauberstab herstellen.

6. Alle Teile im Backofen härten. Nach dem Auskühlen Arme und Beine montieren, wie im Grundkurs auf Seite 4/5 beschrieben. Die Haare bzw. den Bart aufkleben und das Gesicht gemäß Abbildung aufmalen. Den Hut auf dem Kopf anbringen. Den Zaubermantel mit gelben Sternchen verzieren.

7. Das Kaninchen gemäß Übersicht aus weißer, den Hut aus Resten schwarzer Modelliermasse formen. Die Konturen im Gesicht, an den Ohren und an den Pfoten mit dem kleinen Messer ausarbeiten. Gesicht und Ohren des Kaninchens mit dem Pinsel ausgestalten, das Tier in den Hut setzen.

Material

- *Modelliermasse in Blau/Glitter, Lila/Glitter, Hautfarbe; Reste in Schwarz, Weiß*
- *Schnur oder Lederband*
- *Schaschlikspieß, Zahnstocher*
- *kleines, spitzes Messer*
- *2 kleine Glasperlen*
- *glatter, runder Bleistift, dünner Pinsel*
- *Marabu-Decormatt Acryl in Schwarz, Weiß, Kirschrot, Gelb, Zartrosa*
- *Märchenwolle in Weiß*
- *Schere, Klebstoff*

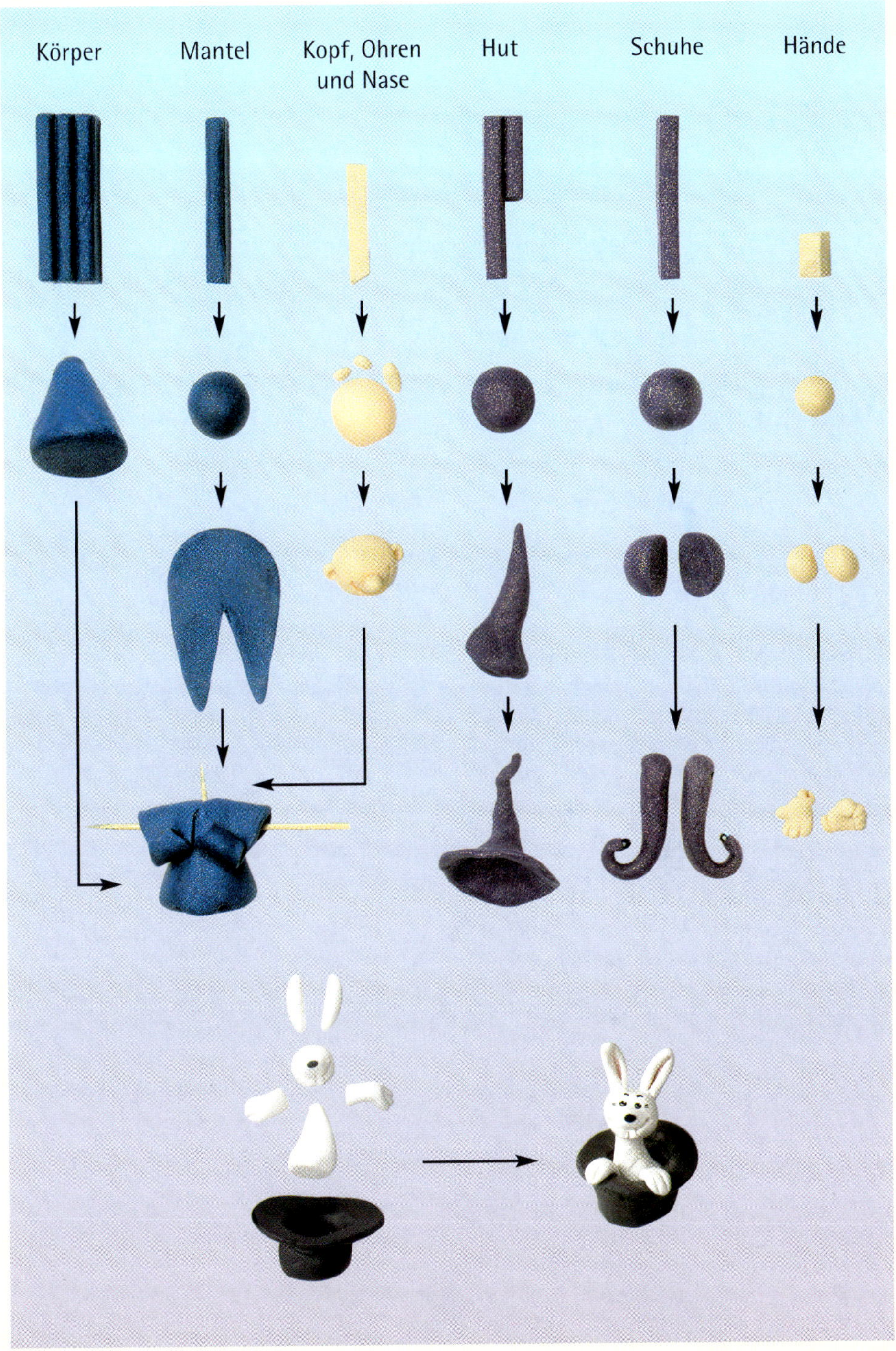
Körper
Mantel
Kopf, Ohren und Nase
Hut
Schuhe
Hände

Geisterstunde macht die Runde

1. Für beide Figuren die Modelliermasse gemäß Übersicht teilen.

2. **Vampir:** Für den Körper einen Kegel formen. Der Umhang wird aus einer Modelliermassekugel mit Hilfe des Bleistiftes zu einer Platte (Ø ca. 4 cm) ausgewellt. Zusätzlich für den Stehkragen eine kurze Modelliermassewurst dünn auswellen.

3. Den Umhang mittig auf den Kegel setzen, mit dem Schaschlikspieß Fältchen eindrücken. Darüber den Kragen andrücken. Den Kopf gemäß Übersicht formen, auf den Körper stecken. Löcher für Arme, Beine und Haare bohren. Den Mund einritzen.

4. Die Hände und Füße mit Pantoffeln gemäß Übersicht modellieren. Löcher für Arm- und Beinschnüre hineinbohren. Alle Teile im Backofen härten (siehe Grundkurs Seite 4/5), montieren und bemalen. Als Haare grüne Jutefäden einkleben.

5. **Geist:** Kopf und Körper gemäß Übersicht aus einem Stück modellieren. Das Kopfende zwischen zwei Fingern zu einer langen Spitze ziehen, diese etwas eindrehen. Als Nase ein kleines Kügelchen Modelliermasse ansetzen, den Mund einritzen.

6. Die Löcher für Arme und Beine in den Körper bohren. Hände und Füße gemäß Übersicht modellieren und mit Löchern für die Arm- und Beinschnüre versehen. Das Herz anfertigen. Für die Aufhängung wird es mit einem Drahtstück durchbohrt.

7. Alle Teile im Backofen härten, dann montieren. Die Wackelaugen aufkleben. Das Herz mit einem Stück Perlonschnur um den Hals des Geistes binden.

Material

Für den Vampir
- *Modelliermasse in Schwarz, Hautfarbe*
- *Marabu-Decormatt Acryl in Schwarz, Weiß, Kirschrot, Hellgrün*
- *dünner Pinsel (Stärke 00)*
- *Juteschnur in Grün*
- *glatter, runder Bleistift, Zahnstocher*

Für den Geist
- *Modelliermasse in Weiß, Rot/Glitter*
- *dünner Draht, Perlonschnur*
- *2 Wackelaugen (Ø 5 mm)*

Für beide Figuren
- *Schnur oder Lederband*
- *Schaschlikspieß*
- *Schere, Klebstoff, kleines, spitzes Messer*

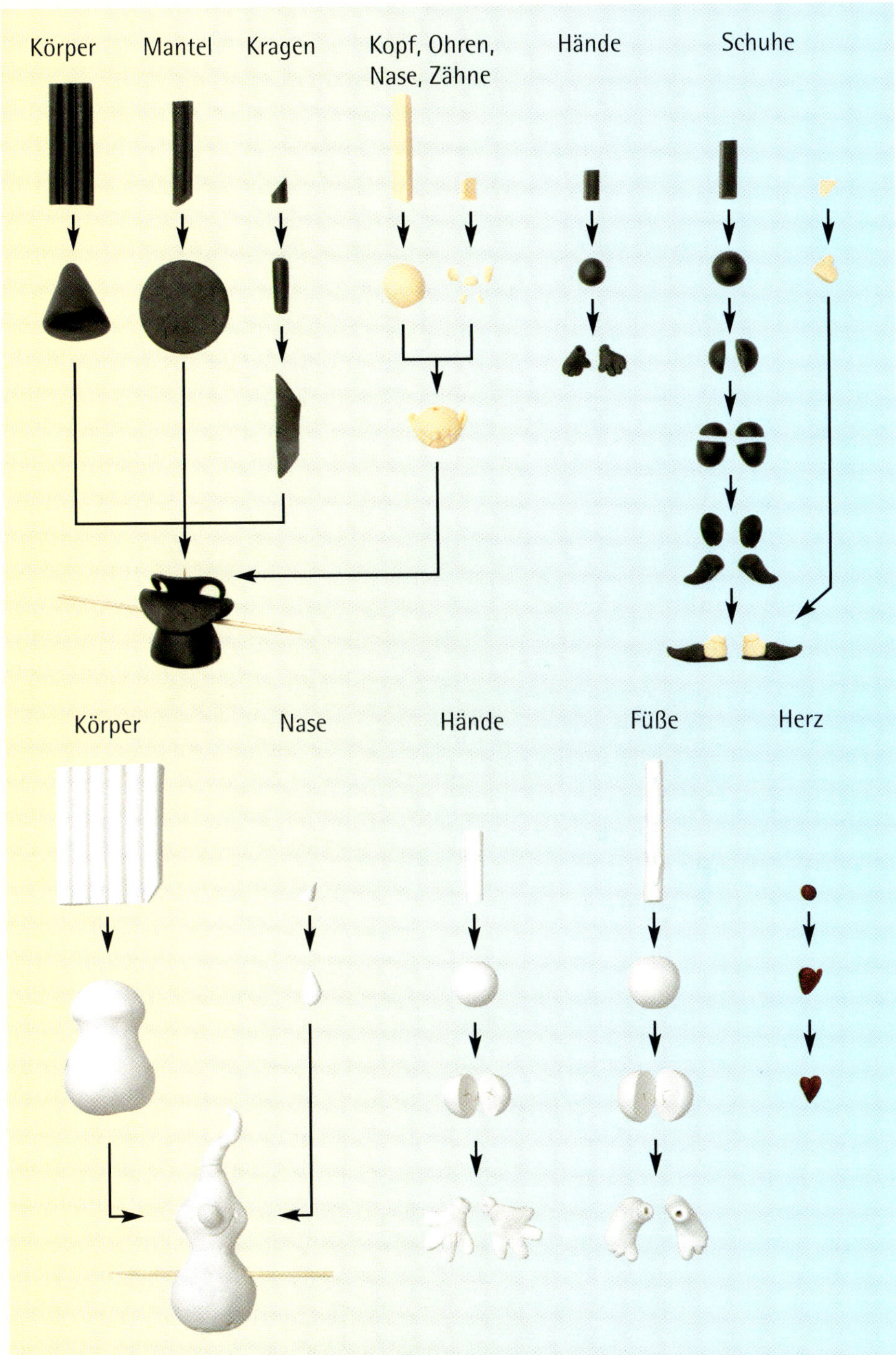
Körper
Mantel
Kragen
Kopf, Ohren, Nase, Zähne
Hände
Schuhe
Körper
Nase
Hände
Füße
Herz

Ein königliches Paar

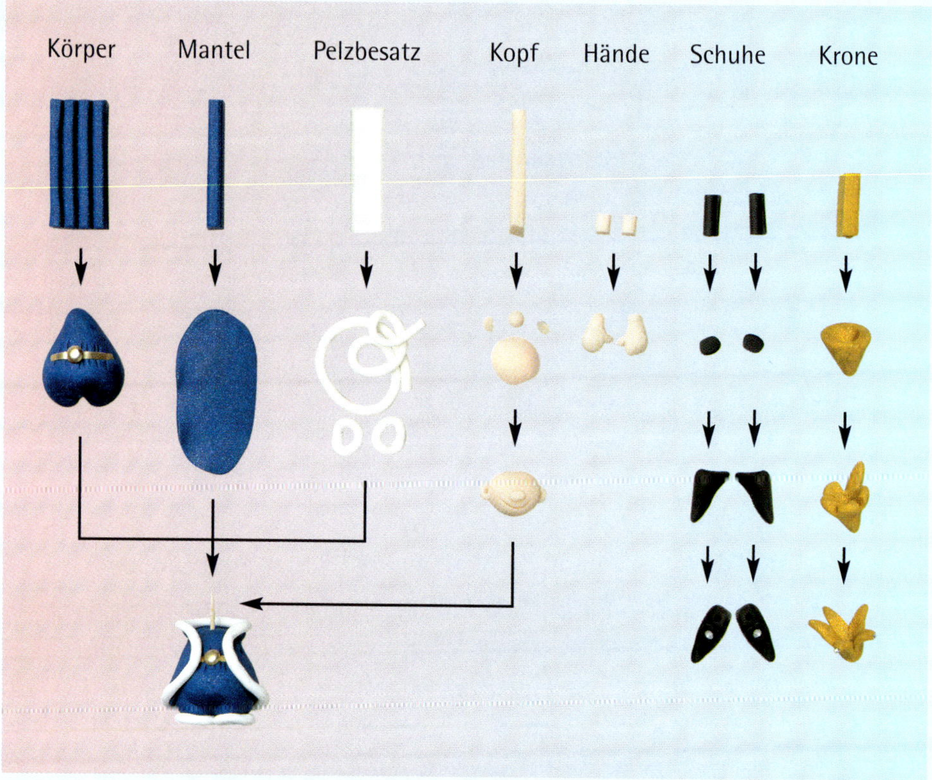

1. Die Modelliermasse wie auf der Übersicht teilen. Körper-Kegel formen, die Unterseite beim König als Hosenbeine ausarbeiten. Die Enden der Musterklammer nach innen biegen und die Klammer als Gürtelschnalle in den Körper stecken. Bei der Königin Falten in das Körperteil modellieren.

2. Für den Umhang die Modelliermasse zungenförmig auswellen, um den Körper legen. Weiße Schnüre als Pelzbesatz für den Umhang und als Abschluss der Hosenbeine modellieren. Kopf, Hände und Schuhe formen. Löcher in Körper, Hände bzw. Schuhe und im Kopf für die Haare bohren.

3. Für die Krone einen Zylinder formen. Die stumpfe Seite mit den Fingern auseinander drücken. Mit dem Messer fünf Kerben eindrücken, mit den Fingerspitzen Kronenzacken herausziehen. Auf jede Spitze einen Strassstein setzen, ebenso auf die Schuhe und den Umhang der Königin.

4. Die Teile im Backofen härten. Nach dem Auskühlen Hände und Schuhe montieren (siehe Grundkurs auf Seite 4/5). Gesichter und Kleidung farbig ausgestalten. Die Haare in den Kopf kleben, darüber die Krone fixieren. Dem Königspaar Schmuck aus Golddraht anlegen.

Material

Für den König

- *Modelliermasse in Blau/Glitter, Weiß, Schwarz, Hautfarbe, Gelb/Glitter*
- *Puppenhaar in Grau meliert, Musterklammer*

Für die Königin

- *Modelliermasse in Orange, Pink, Weiß, Schwarz, Hautfarbe, Gelb/Glitter*
- *Märchenwolle in Rosa*

Für beide Figuren

- *Schnur oder Lederband*
- *Schaschlikspieß, Zahnstocher*
- *kleines, spitzes Messer*
- *Strasssteinchen, Goldbouillondraht*
- *Marabu-Decormatt Acryl in Schwarz, Weiß, Kirschrot*
- *dünner Pinsel (Stärke 00), Schere, Klebstoff*

Halloween mit Hexe und Kürbis

1. Für Hexe und Kürbis die Modelliermasse teilen, wie in der Übersicht gezeigt.

2. **Hexe:** Ein Kegel bildet den Körper. Für den Kragen die Modelliermasse zu einer Scheibe auswellen, eine Kerbe einschneiden (siehe Übersicht). Den Kragen über den Körper legen. Zwei schmale Modelliermasseschnüre in Pink und Orange zuschneiden, ineinander verdrehen. Den Kragen mit der Schnur verzieren. Als Flicken grüne und blaue Modelliermassekügelchen auf Körper und Kragen drücken.

3. Kopf, Hände und Schuhe gemäß Übersicht modellieren. Den Kopf auf dem Körper anbringen (siehe Grundkurs Seite 4/5) und Löcher für Arme, Beine und Haare in den Körper sowie in Hände und Schuhe bohren. Für den Hut eine Scheibe mit Ø 4 cm auswellen. Aus etwa der gleichen Menge Modelliermasse einen Kegel formen, mittig auf die Scheibe drücken. Ein pinkfarbenes Hutband darauf anbringen.

4. Rabe und Frosch gemäß Übersicht aus Modelliermasseresten herstellen. Für die Füße Löcher in den Rabenkörper stechen.

5. Alle Teile im Backofen härten. Nach dem Auskühlen Arme, Beine und Füße des Raben gemäß Grundkurs montieren. Erst die Haare, bei der Hexe darüber den Hut mit dem Frosch anbringen. Allen Figuren Gesichter aufmalen, die Fäden der Flicken auf dem Hexenkleid mit Strichen andeuten.

6. **Kürbismann:** Den Kürbis aus Modelliermasse formen. Mit dem Schaschlikspieß Längsrillen, mit der Messerspitze Augen und Mund eindrücken. Eine Knollennase ansetzen. Für die Arme den Kürbis mit dem Schaschlikspieß quer durchbohren, ebenso Löcher für Beine und Haare einstechen.

7. Hände, Füße und Hut gemäß Übersicht modellieren und mit Löchern versehen. Mit der Messerspitze die Strohstruktur in Hände, Füße und Schlapphut ritzen. Alternativ einen Spitzhut wie bei der Hexe herstellen, daran aus Modelliermasseresten ein Minigespenst mit dünnem Draht befestigen.

8. Die Figur härten und montieren, wie im Grundkurs auf Seite 4/5 beschrieben. Zum Schluss das Gesicht aufmalen, Haare und Hut aufkleben.

Material

Für die Hexe mit Frosch und Rabe
- *Modelliermasse in Orange, Pink, Schwarz, Hautfarbe, Grün, Blau, Gelb*
- *glatter, runder Bleistift, Zahnstocher*
- *Grasfaserbüschel in Grün, Gelb*

Für den Kürbismann
- *Modelliermasse in Orange, Braun, Schwarz, evtl. Weiß*
- *dünner Draht*
- *Grasfaserbüschel in Natur*
- *kleines, spitzes Messer*

Für beide Figuren
- *Schnur oder Lederband, Schaschlikspieß*
- *Marabu-Decormatt Acryl in Schwarz, Weiß, Kirschrot*
- *dünner Pinsel, Schere, Klebstoff*

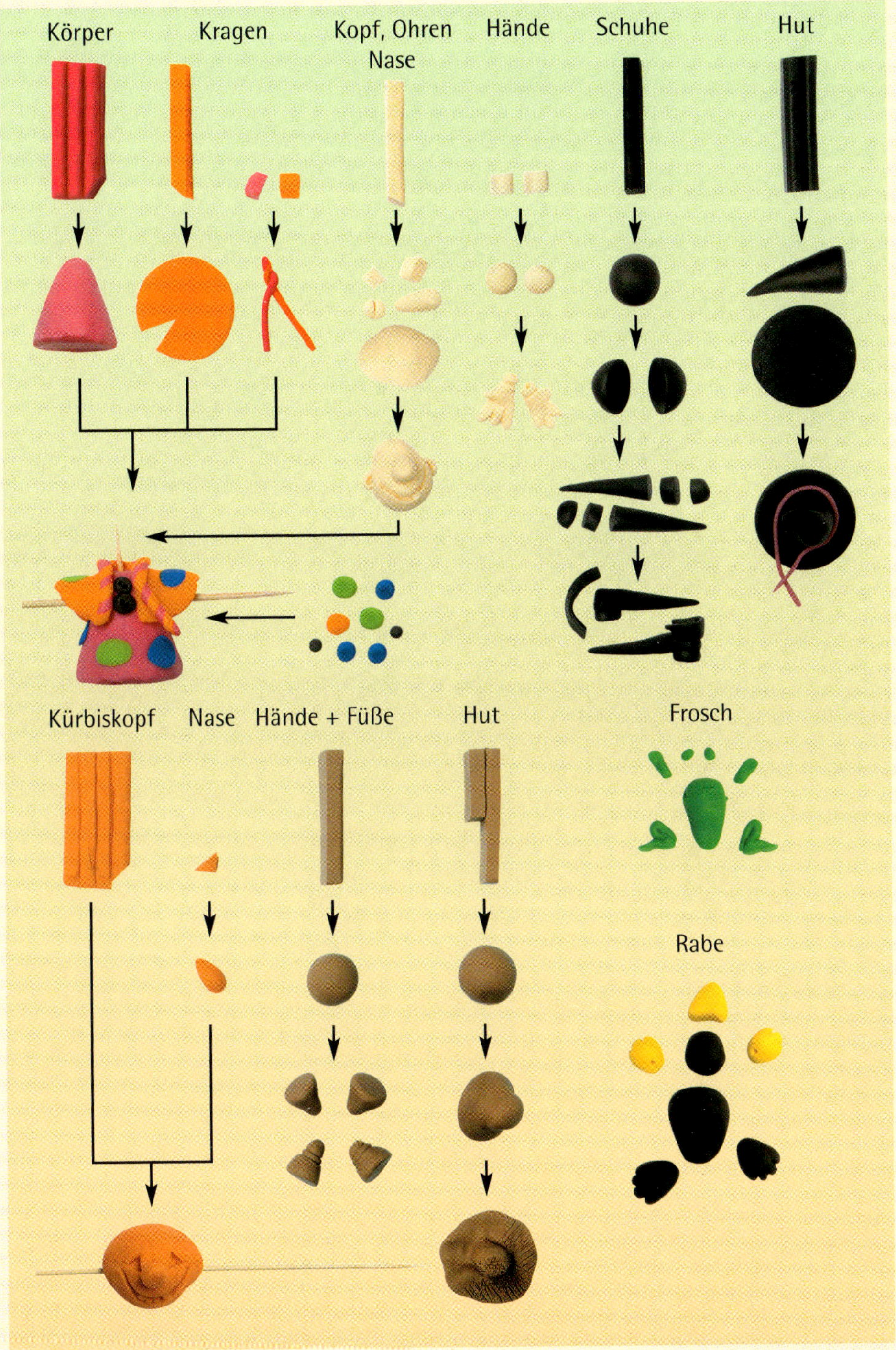
Körper
Kragen
Kopf, Ohren
Nase
Hände
Schuhe
Hut
Kürbiskopf
Nase
Hände + Füße
Hut
Frosch
Rabe

Wie von einem anderen Stern

1. Für das grüne Marsmännchen die Modelliermasse gemäß Übersicht teilen. Die übrigen Modelle sind ungefähr gleich groß. Hierfür Modelliermasse in den entsprechenden Farben wählen.

2. Nun wie abgebildet aus einer großen Kugel den Körper mit Kopf formen. Beim grünen und beim fliederfarbenen Marsmännchen jeweils eine spitz zulaufende Nase formen und unter leichten Drehungen am Kopf festdrücken. Den Übergang mit den Fingern glätten. Als Nasenspitze jeweils ein rotes bzw. pinkfarbenes Modelliermassekügelchen ansetzen.

3. Für das orangefarbene Modell trichterartige Ohren und eine Knollennase formen sowie drei separate Kügelchen für die Antennen. Das pinkfarbene Modell bekommt spitze Katzenohren und eine breite Nase angesetzt. Bei allen Figuren mit der Messerspitze den Mund einritzen.

4. Für die Punkte auf den Körpern Modelliermasseröllchen in der entsprechenden Farbe formen. Davon dünne Scheibchen abschneiden und auf den Körpern platzieren. Diese mit Hilfe des Bleistiftes auf den Körpern einrollen.

5. Die Hände und Füße des grünen Männchens gemäß Übersicht, bei den anderen Figuren gemäß Abbildung formen. Sowohl in den Körper als auch in Hände und Beine Löcher bohren.

6. Beim grünen und beim fliederfarbenen Modell für die Haare jeweils ein Loch, beim pinkfarbenen Modell mehrere Löcher bohren. In diese (bis auf das Loch für die Aufhängeschnur) kleine, orangefarbene Modelliermassewürste als Haare stecken. Beim orangefarbenen Männchen an Kopf und den drei separaten Antennenkügelchen mit dünnem Draht Löcher vorbohren.

7. Nun alle Teile im Backofen härten. Nach dem Auskühlen die Figuren montieren, wie im Grundkurs auf Seite 4/5 beschrieben.

8. Beim grünen und beim pinkfarbenen Modell Haare aus Juteschnur bzw. Nylonschnur einkleben. Am orangefarbenen Modell mit dünnen Drahtstücken die Antennenkügelchen montieren. Das pinkfarbene Modell bekommt eine Aufhängeschlaufe eingeklebt. Zum Schluss die Gesichter gemäß Abbildung gestalten.

Material

- *Modelliermasse in Apfelgrün, Dunkelgrün, Rot, Orange, Pink, Dunkellila, Flieder*
- *Schnur oder Lederband*
- *Schaschlikspieß, kleines, spitzes Messer*
- *glatter, runder Bleistift*
- *Juteschnur in Grün, dünner Draht in Rot, Nylonschnur in Pink*
- *2 Wackelaugen (Ø 5 mm)*
- *Marabu-Decormatt Acryl in Schwarz, Weiß*
- *dünner Pinsel (Stärke 00), Schere, Klebstoff*

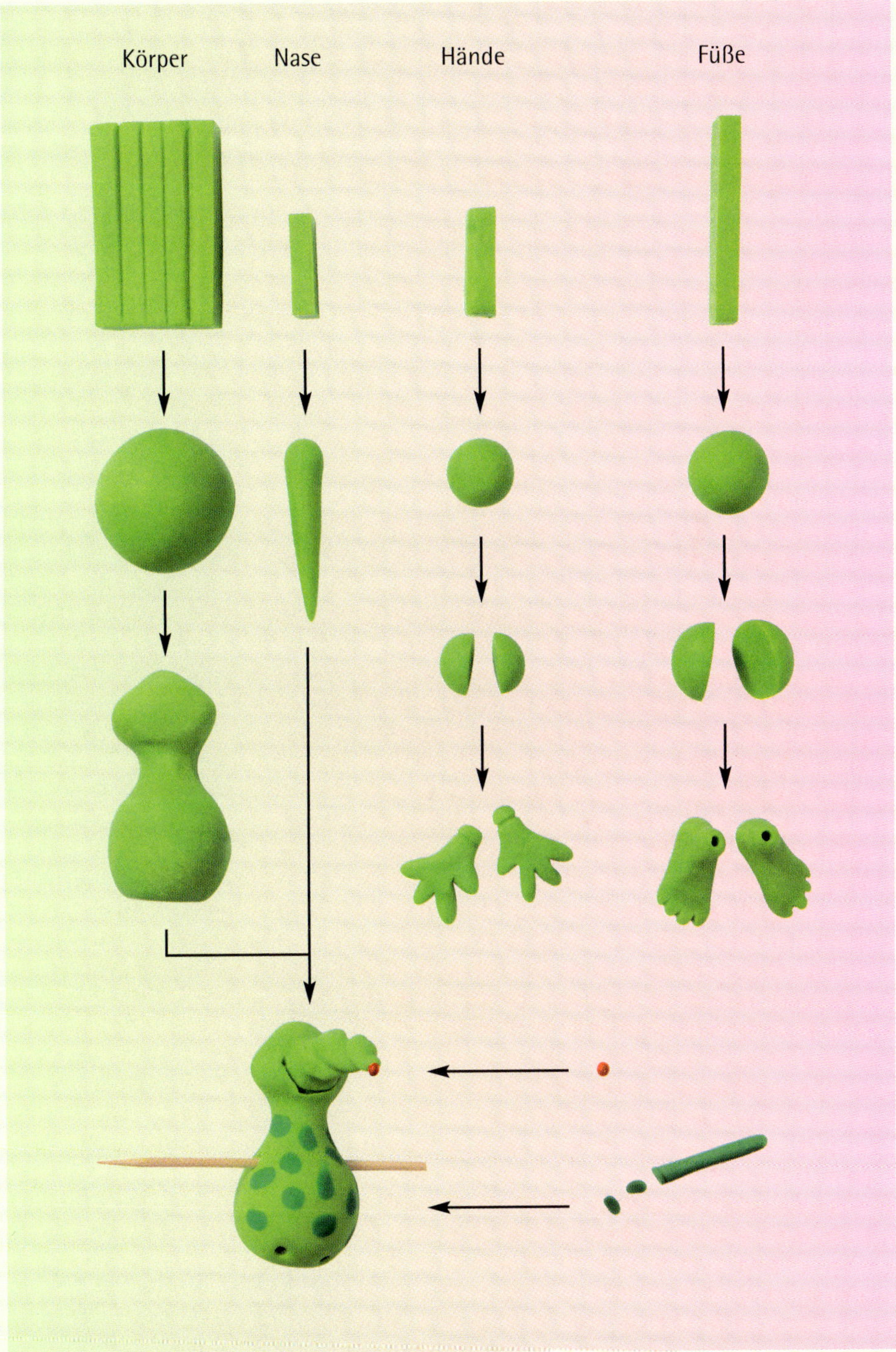
Körper
Nase
Hände
Füße

Sternchensammlerfee

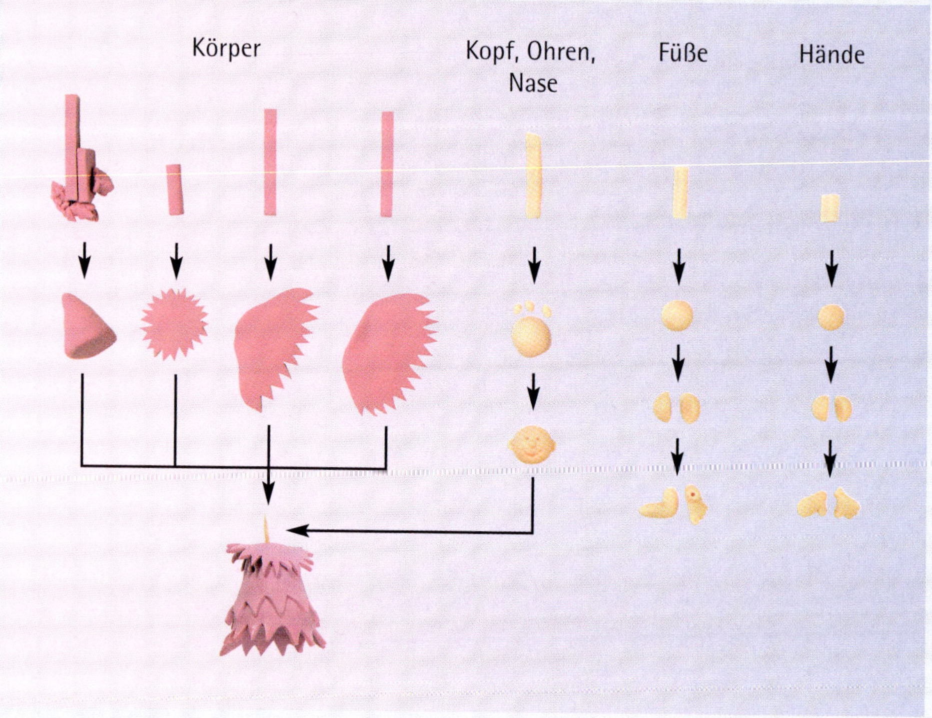

1. Die Modelliermasse gemäß Übersicht teilen. Für das Kleid einen Kreis (Ø ca. 4 cm) und zwei Halbkreise auswellen. 0,5 bis 1 cm tiefe Zacken herausschneiden – beim Kreis rundherum, bei den Halbkreisen an je einer geraden Seite. Die Reste zum Körper geben, einkneten, einen Kegel formen. Das größte Zackenteil unten um den Kegel herum andrücken. Etwas darüber das zweite Teil anbringen. Die Zackenscheibe mittig auf der Kegelspitze platzieren.

2. Kopf, Hände, Füße und einen Stern für den Zauberstab modellieren. Den Kopf auf den Körper setzen (s. Seite 4/5). In den Körper Löcher für Haare, Arme und Beine bohren. In Hände, Füße und Stern ebenfalls Löcher bohren. Für die Flügel am Rücken der Figur mit der Messerspitze entsprechend lange Kerben einritzen. Den Stern auf eine Zahnstocherhälfte stecken und der Fee in die Hand stecken. Alle Teile im Backofen härten.

3. Die Flügel-Vorlage zweimal mit Folienstift auf Windradfolie übertragen und mit Window-Color-Farbe ausmalen. Mit Glitter bestreuen. Die Farbe trocknen lassen, die Flügel ausschneiden. Die Figur montieren, wie auf Seite 4/5 beschrieben. Die Haare und die Flügel einkleben, das Gesicht aufmalen. Die Perle auf Draht fädeln, als Kette um den Hals legen.

Material

- Modelliermasse in Flieder, Hellblau/Glitter, Hautfarbe, Gelb
- Schnur oder Lederband
- Schaschlikspieß, Zahnstocher
- kleines, spitzes Messer, dünner Pinsel
- Marabu-Decormatt Acryl in Schwarz, Weiß, Kirschrot
- Märchenwolle in Weiß, Minilocken
- glatter, runder Bleistift
- Windradfolie, Schere, Folienstift
- Marabu-Fun & fancy in Kristallklar
- Glitter in Silber
- dünner Draht oder Nylonschnur
- kleine Glasperle, Klebstoff

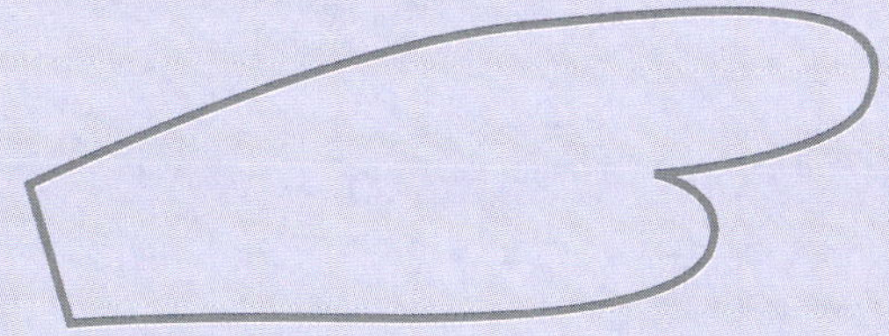

Weißer Bart, rote Nase

1. Für den Nikolaus die Modelliermasse gemäß Übersicht teilen. Den Sack mit Inhalt aus Modelliermasseresten fertigen.

2. Zuerst einen birnenförmigen Körper modellieren. Mit einer eingedrückten Rille rund um den Körper die Lage des Gürtels andeuten. Darüber und darunter mit der Messerspitze Falten eindrücken. Nun aus schwarzer Modelliermasse eine platte, dünne Schnur arbeiten und diese als Gürtel in der Rille festdrücken.

3. Für den Umhang die Modelliermasse mit Hilfe des Bleistiftes auswellen und gemäß Übersicht einkerben. Danach den Umhang auf den Körper legen und mit einer weißen Modelliermasseschnur als Pelzbesatz einfassen.

4. Die kegelförmige Mütze ebenfalls rundherum mit weißem Pelz besetzen. Den Zipfel der Mütze umknicken und einen weißen Bommel anbringen. Mit dem stumpfen Ende des Schaschlikspießes eine Struktur in den Pelz drücken.

5. Kopf und Körper verbinden (siehe Grundkurs Seite 4/5). Die Stiefel aus je einer Halbkugel in Schwarz modellieren. Die Absätze und ein paar Falten werden mit dem Messer eingedrückt. Die Hände gemäß Übersicht aus je einer Halbkugel in Weiß formen (vorher Hände waschen!). Für die Arm- und Fußschnüre Löcher in Körper, Schuhe und Hände bohren.

6. Den Nikolaussack gemäß Abbildung formen und nach Belieben befüllen, etwa mit einem Minischneemann, einem Stern und einem Geschenk.

7. Alle Teile im Backofen härten, wie im Grundkurs auf Seite 4/5 beschrieben. Nach dem Auskühlen gemäß Grundkurs Arme und Beine anbringen. Nun die Haare bzw. den Bart aufkleben, darüber die Mütze anbringen. Zum Schluss das Gesicht gemäß Abbildung bemalen.

Material

- *Modelliermasse in Weiß, Schwarz, Rot, Hautfarbe; Reste in Braun, Gelb, Lila, Orange*
- *Schnur oder Lederband*
- *Schaschlikspieß, Zahnstocher*
- *kleines, spitzes Messer, dünner Pinsel*
- *Marabu-Decormatt Acryl in Weiß, Schwarz, Kirschrot*
- *Märchenwolle in Weiß, Schere, Klebstoff*

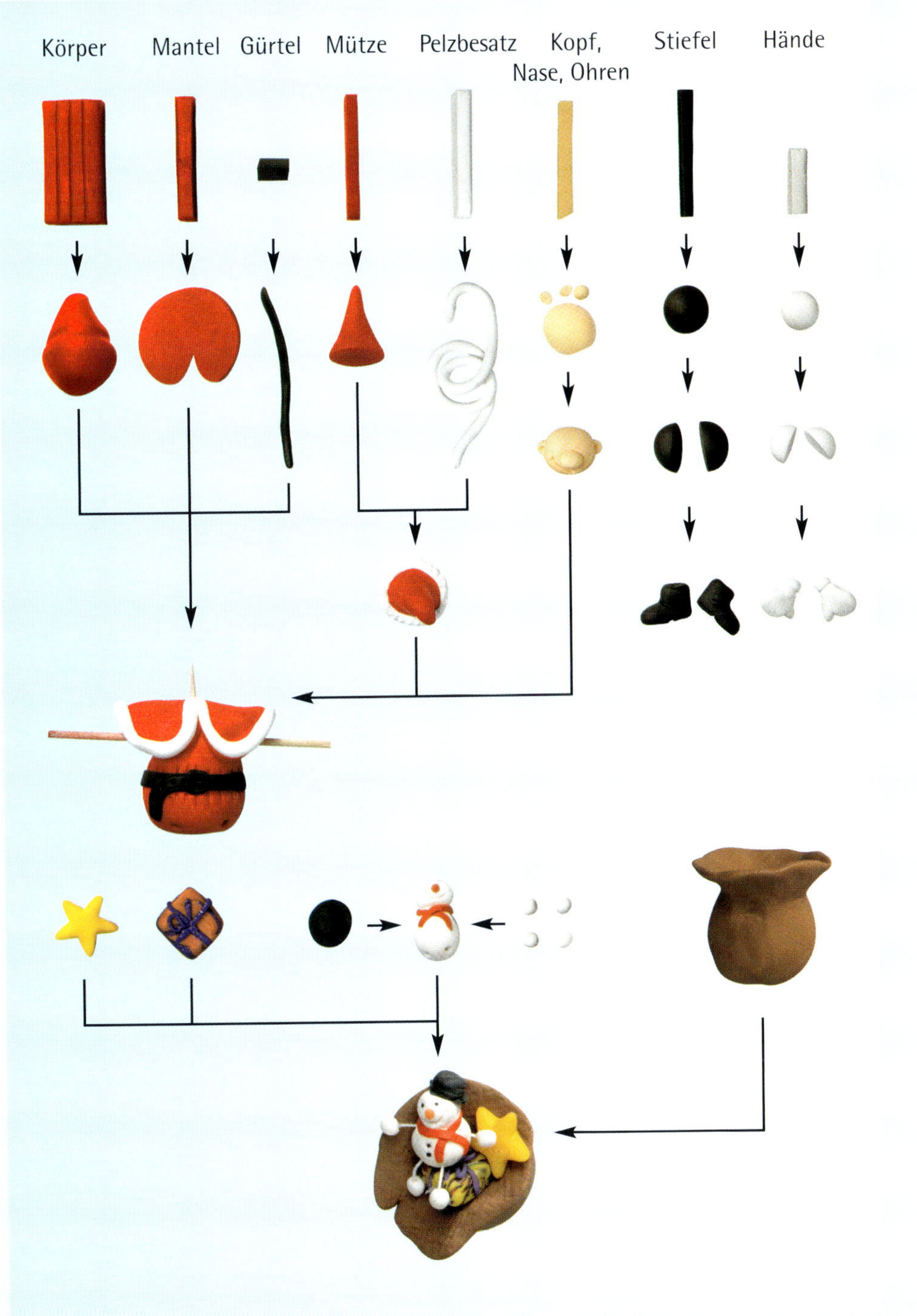

Körper
Mantel
Gürtel
Mütze
Pelzbesatz
Kopf, Nase, Ohren
Stiefel
Hände

Spaß im Schnee

1. Die Modelliermasse für beide Modelle gemäß Übersicht teilen.

2. **Rentier:** Alle Teile gemäß Übersicht formen. Den Kopf auf den Körper drücken, Übergänge verstreichen. Ohren, Nase und Geweih andrücken. Den Mund einritzen und Löcher für Haare, Arme und Beine bohren.

3. Die Hufe aus vier gleich großen Kugeln formen. Löcher für die Schnüre bohren.

4. Alle Teile im Backofen härten. Nach dem Auskühlen Hufe und Körper verbinden (siehe Grundkurs auf Seite 4/5), die Haare einkleben. Das Gesicht bemalen.

5. **Schneemann:** Alle Teile gemäß Übersicht modellieren: Körper, Kopf, Hände, zwei unten abgeflachte Kugeln als Füße, eine Möhrennase, den Hut und das Herz.

6. Den Kopf auf den Körper drücken, die Übergänge verstreichen. Für den Schal eine lange Rolle auswalzen. Von einer orangefarbenen Rolle kleine Scheiben abschneiden, als Punkte auf den Schal setzen und mit dem Bleistift aufrollen. Den Schal um den Hals legen, mit dem Messer Fransen einritzen. Alternativ eine Schleife auf den Hals setzen. Den Hut auf den Kopf drücken.

7. Die Nase im Gesicht platzieren. Kleine schwarze Punkte als Augen und Knöpfe aufdrücken und den Mund einritzen. Alle Löcher für Verbindungsschnüre und die Aufhängung bohren, das Herz und die Hände mit dünnem Draht durchbohren.

8. Alle Teile im Backofen härten. Nach dem Auskühlen montieren, wie auf Seite 4/5 beschrieben. Das Herz mit Draht zwischen den Armen befestigen. Alternativ aus einem Stück Schaschlikspieß und etwas Grasfaser einen Besen herstellen und dem Schneemann in den Arm geben.

Material

Für das Rentier
- *Modelliermasse in Braun, Champagner, Rot*
- *Marabu-Decormatt Acryl in Schwarz, Weiß, Kirschrot, dünner Pinsel, Juteschnur*

Für den Schneemann
- *Modelliermasse in Weiß, Schwarz, Rot, Hellgrün, Orange, Pink*
- *glatter, runder Bleistift*
- *dünner Draht*
- *Grasfaserbüschel in Natur*

Für beide Figuren
- *Schnur oder Lederband*
- *Schaschlikspieß, Zahnstocher*
- *kleines, spitzes Messer, Klebstoff, Schere*

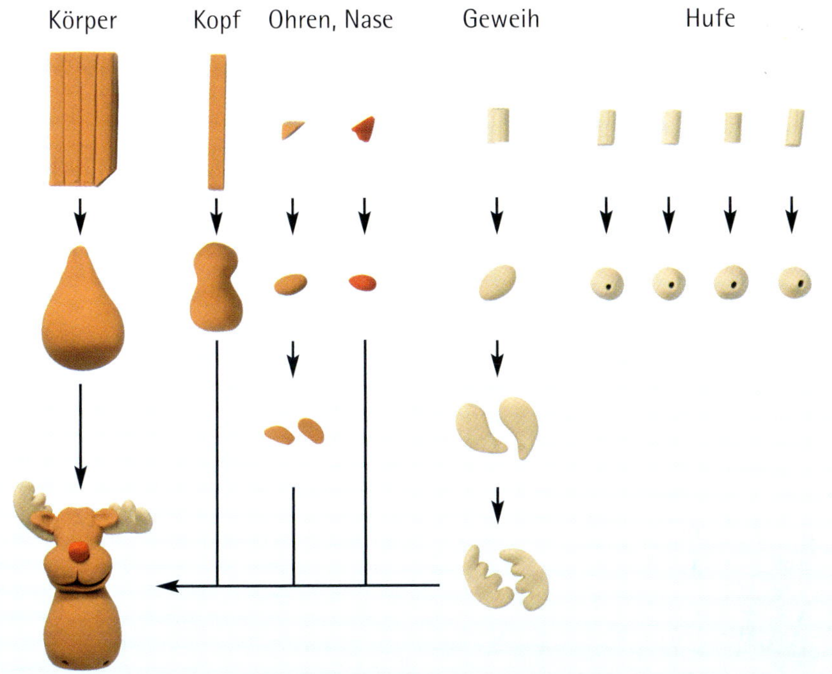
Körper
Kopf
Ohren, Nase
Geweih
Hufe

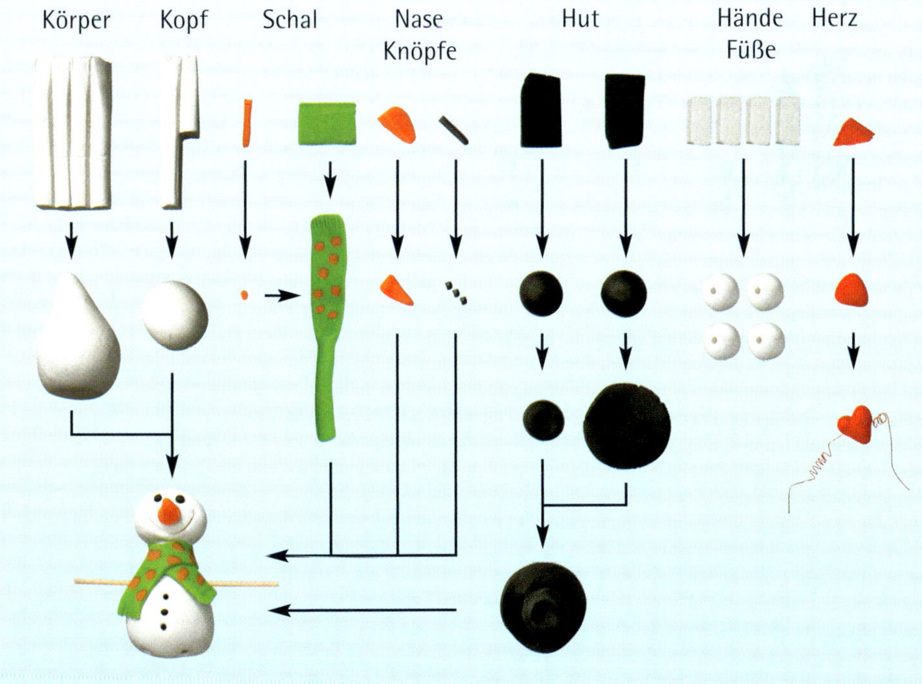
Körper
Kopf
Schal
Nase
Knöpfe
Hut
Hände
Füße
Herz

Sorgenfresserchen

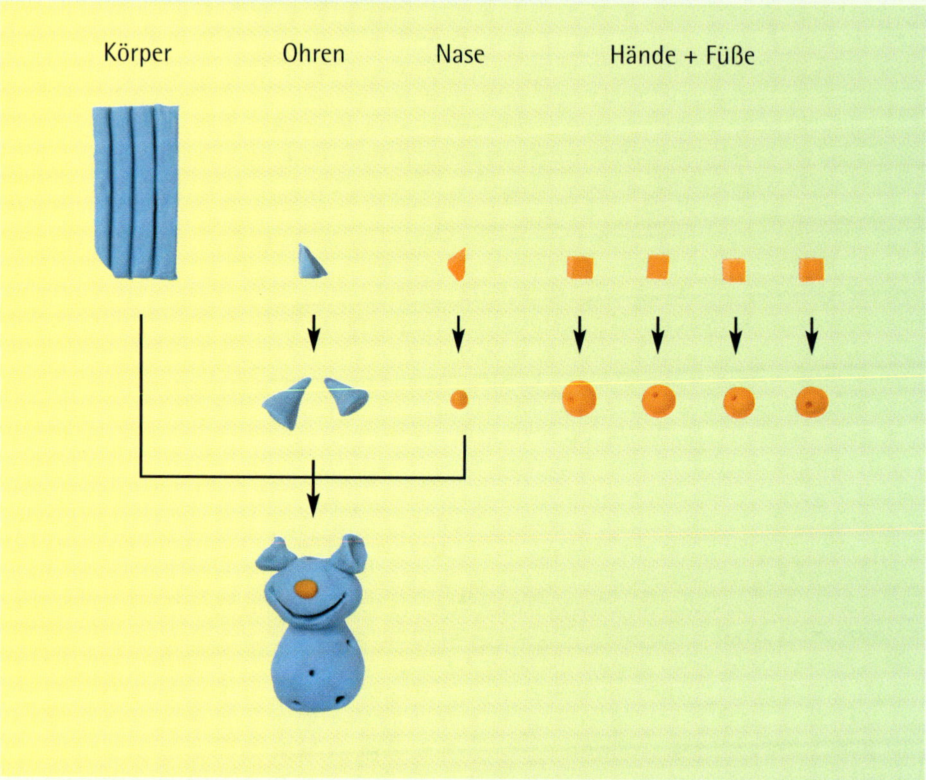

1. Die Modelliermasse gemäß Übersicht teilen. Aus dem großen Stück den Körper mit Kopf formen.

2. Die Ohren aus zwei kleinen Kegeln modellieren, diese mit dem Schaschlikspieß zu Trichtern weiten. Die Ohren anbringen, gut andrücken und die Übergänge mit den Fingern glätten.

3. Die Nase formen und im Gesicht platzieren. Mit der Messerspitze den Mund einritzen. Für die Haare mit dem stumpfen Ende des Schaschlikspießes ein Loch zwischen den Ohren bohren.

4. Ebenso Löcher für Arme und Beine sowie den lustigen Bauchnabel in den Körper bohren.

5. Hände und Füße entstehen aus vier gleich großen Kugeln. Diese mit Löchern für die Arm- und Beinschnüre versehen.

6. Alle Teile im Backofen härten. Nach dem Auskühlen Arme und Beine montieren (siehe Grundkurs auf Seite 4/5). Als Haare ein dickes Büschel Märchenwolle einkleben, nach Belieben zu Zöpfen abbinden. Zum Schluss das Gesicht gemäß Abbildung gestalten.

Material

- Modelliermasse in Türkis, Orange, Pink, Gelb, Rot
- Schnur oder Lederband
- Marabu-Decormatt Acryl in Schwarz, Kirschrot
- Schaschlikspieß
- Zahnstocher
- kleines, spitzes Messer
- dünner Pinsel (Stärke 00)
- Märchenwolle in Gelb
- Schere
- Klebstoff

Engelchen und Bengelchen

1. Für alle Figuren die Modelliermasse teilen, wie in der Übersicht angegeben.

2. Engelchen: Die Einzelteile gemäß Übersicht formen. Ggf. für die Kette ein rotes Herz ergänzen. Den Kragen mittig auf die Kegelspitze setzen, rundum Fältchen eindrücken. Den Kopf gemäß Grundkurs fixieren. In den Körper, in Hände und Füße Löcher für Verbindungsschnüre, Haare und Aufhängung bohren.

3. Den Flügel zweimal auf die gewünschte Folie übertragen, ausschneiden, in den Rücken der Figur entsprechende Kerben einritzen. Die modellierten Teile im Backofen härten und nach dem Auskühlen montieren (siehe Seite 4/5). Gemäß Abbildung bemalen und ausgestalten.

4. Bengelchen: Den Körper formen, wie in der Übersicht gezeigt. Dann den Umhang auswellen und so um den Körper legen, dass ein Stehkragen bleibt. Den Umhang festdrücken und mit einem schwarzen Knopf oder Herz aus Modelliermasse verschließen.

5. Kopf mit Hörnern, Hände, Hufe und ggf. einen Dreizack gemäß Übersicht modellieren. Anschließend den Kopf mit dem Körper verbinden, wie im Grundkurs auf Seite 4/5 beschrieben. Die Löcher für Arme, Beine und Haare in den Körper bohren sowie die Löcher für die Arm- und Beinschnüre in Hände und Hufe. Nun alle Teile im Backofen härten. Nach dem Auskühlen das Teufelchen montieren, wie im Grundkurs auf Seite 4/5 beschrieben. Das Gesicht gemäß Abbildung bemalen und das Haarbüschel einkleben.

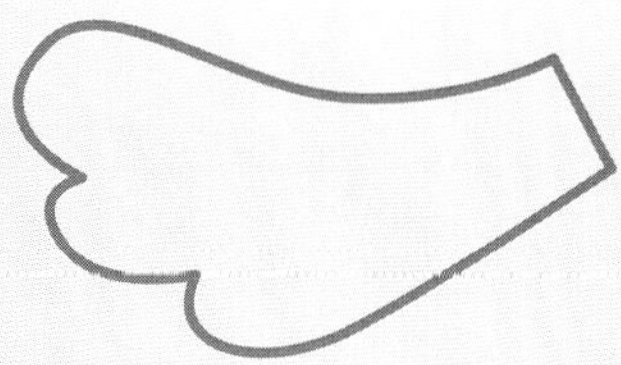

Material

Für die Engelchen

- *Modelliermasse in Blau/Glitter, Hautfarbe, Orange, Pink, Grün, Caramel, Pfirsich, Hellgrün, Terrakotta, Dunkelbraun, Weiß, Kupfer, Rot/Glitter*
- *Marabu-Decormatt Acryl in Kirschrot, Schwarz, Weiß sowie Metallic-Gold, -Rosa, -Silber, -Blau, -Grün, -Violett*
- *Metallprägefolie in Gold, Silber oder Windradfolie*
- *Transparentpapier, dünner Karton, Klebstoff*
- *Grasfaserbüschel in Natur, Baumwolle in Beige*
- *Märchenwolle in Braun, Bunkergarn in Grün*
- *Glasperle, kleines Silberherz mit Loch, Feder*
- *dünner Gold- oder Silberdraht, Ziehfedern*

Für die Bengelchen

- *Modelliermasse in Rot, Orange, Caramel, Braun, Schwarz*
- *Marabu-Decormatt Acryl in Schwarz, Weiß, Kirschrot*
- *Juteschnur in Orange, Grün, Rot*

Für alle Figuren

- *Schnur oder Lederband, Schere*
- *Schaschlikspieß, Zahnstocher*
- *glatter, runder Bleistift, Klebstoff*
- *dünner Pinsel (Stärke 00)*

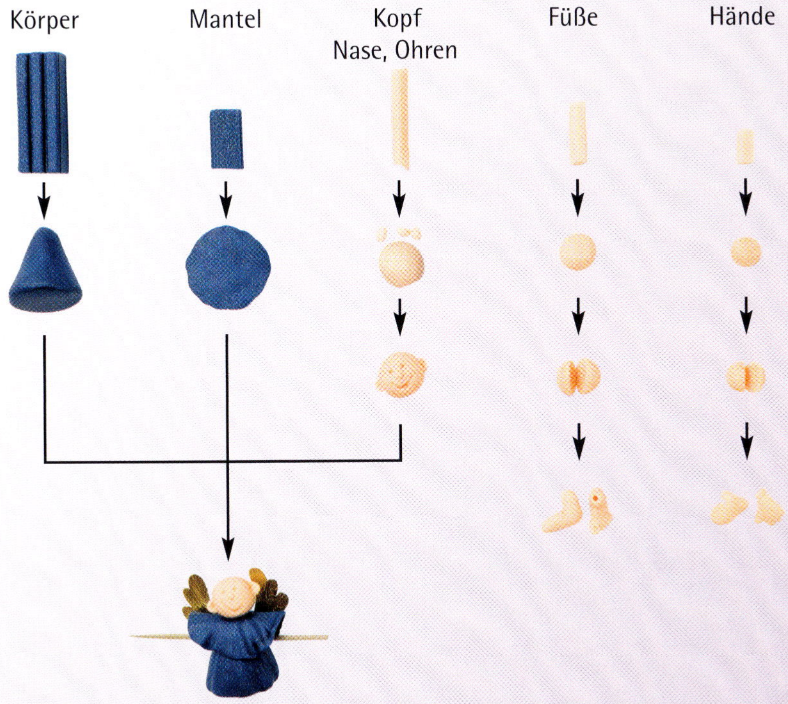
Körper
Mantel
Kopf
Nase, Ohren
Füße
Hände

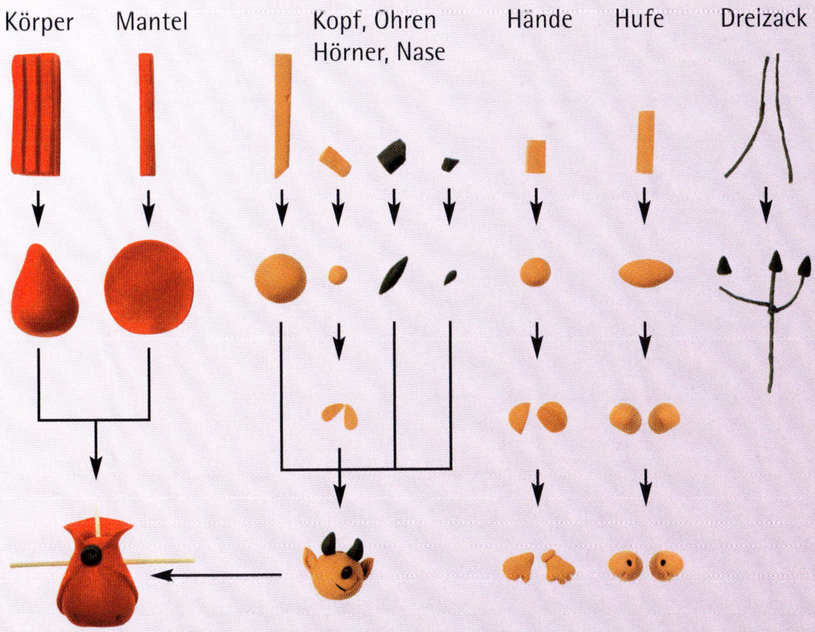
Körper
Mantel
Kopf, Ohren
Hörner, Nase
Hände
Hufe
Dreizack

Impressum

Entwürfe und Realisation: Liesa Bastian
Redaktion: Ulrike Bogatz
Lektorat: Katja Rötzer, Günther Albrecht
Fotos: Inge Ofenstein, München
Styling: Ulrike Hundhammer
Umschlagfoto: Oswald Visuelle Medien, Schwörstadt
Umschlaggestaltung: Christiane Kölble
Entwurf und Illustration „Klipp-Klapper":
Stefan Hagen
Layout und Produktion: buchkonzept@web.de
Druck und Verarbeitung: J. P. Himmer, Augsburg

ISBN 3-89858-385-6

Autorin und Verlag haben alle Angaben und Anleitungen mit größtmöglicher Sorgfalt zusammengestellt. Dennoch kann bei Fehlern keinerlei Haftung für direkte oder indirekte Folgen übernommen werden.

Herstellerverzeichnis

Farben und Lacke:
Marabuwerke GmbH & Co.
Asperger Straße 4
71732 Tamm

Die Autorin dankt der Fa. Eberhard Faber für die freundliche Unterstützung.